www.tredition.de

AF202992

R. Eho

Vergiss es nie

für Sie UND IHN

www.tredition.de

© 2016 R. Eho

Verlag: tredition GmbH, Hamburg

ISBN
Paperback: 978-3-7345-1683-2
Hardcover: 978-3-7345-1684-9
e-Book: 978-3-7345-1685-6

Printed in Germany

Für meine große Liebe

Ein Dank an alle, die uns in dieser schweren Zeit
begleitet haben.

Inhaltsverzeichnis

Vorwort

Dieses Buch hat keinen Anspruch auf literarische Größe, es ist weniger erdacht als erfühlt und auf Papier verbracht. Da Liebe nicht in Einheiten gemessen und ein Gefühl nicht wertmäßig dargestellt werden kann, ist es meiner Meinung nach kein falscher Weg, eine der schlimmsten Zeiten in meinen Leben festzuhalten und meiner Frau meine Liebe auf diese ganz besondere Art zu offenbaren.

Ich schreibe diese Zeilen weil Sie mir in dieser schweren Zeit helfen meine Gedanken zu ordnen, und später eine Plattform für mein weiteres Leben werden könnten.

Ich hoffe es hilft auch denjenigen, die in der gleichen Situation sind, und allen, die der Meinung waren, es gehe ihnen schlecht und es müsste alles so viel besser sein.

Ich will mich ändern. Nur verfalle ich viel zu schnell wieder in mein Standarddenken.

Diese Zeilen sollen meiner Frau und mir in Zukunft helfen, richtig zu leben.

Der Anruf

Ich sitze im Büro bei der Arbeit.

Alles ist wie immer. Das heißt, es ist alles super gut. Ich habe einen tollen Job, eine großartige Familie, klasse Freunde, ein abbezahltes Haus, ein bezahltes Boot vor der Tür, ein weiteres Grundstück für die Altersplanung usw. usw. und vor allem:

„Wir sind alle gesund."

Klingt gut, aber ich bin nicht zufrieden. Die Arbeit ist zu viel, die Kinder zu nervig, die eigenen Interessen reduziert bzw. fremdgesteuert. Die ersten Wehwehchen kommen, und nachts muss ich mehr als einmal zur Toilette. Geld kann man nicht genug haben, und so ist nur höher, weiter und schneller gut.

Eine komische Situation: Alle Ampeln stehen auf Grün, aber man hat keine Lust Auto zu fahren.

Ein Anruf meiner lieben Frau ändert alles: Ich solle nach Hause kommen. Ich sage noch, ich rufe zurück. Wie immer. Was kann schon so wichtig sein?

Als Lilith „nein, komm sofort" sagt, ist mir klar: Es ist etwas sehr Schlimmes passiert.

Die Frauenärztin hat etwas in ihrer Brust gefunden, was dort nicht hingehört.

Ich schwinge mich in mein Auto und rase nach Hause. Das kann doch nicht sein! Nicht wir. Nicht Lilith. Bestimmt gutartig oder eine Zyste oder was auch immer, aber nicht ...

Ich beginne bereits während der Fahrt alles anzuflehen, was Hilfe verspricht: Gott, höhere Lebewesen, das Universum. Es solle doch besser mich ereilen. Was würde ich in Zukunft anders machen, wenn wir gut aus diesem Albtraum erwachen.

Alles!

Ich würde wieder anfangen, meine Frau (wie früher) zu lieben, was ich Grunde auch immer noch tue.

Ich würde meine eigenen Wünsche hintanstellen.

Ich wäre ehrlicher zu mir und anderen.

Ich würde keinem mehr gefallen wollen nur für einen Funken Anerkennung.

Wo kommt so eine dämliche Einstellung eigentlich her? ‚Die Eltern mit ihrer Erziehung sind schuld‘ ist da wirklich zu einfach.

Es ist eigentlich alles gut gewesen. Aber jetzt ist nichts mehr gut.

Wir gehen alle früh zu Bett, da am nächsten Morgen eine Mammografie angesetzt ist.

Ohne Fernsehen, einfach nur nebeneinanderliegen. Keiner braucht mehr, keiner weniger.

Woher kommt es?

In der Nacht versuche ich es mit Reiki. Ein Nachlass aus meiner esoterischen Zeit, in der ich Lösungen für alles Mögliche gesucht habe.

Man greift nach jedem Strohhalm, nach jeder Andeutung eines Strohhalmes, nach jeder Möglichkeit einer Andeutung eines Strohhalmes.

Hatte man diese Situation nicht schon öfter und ist immer gut herausgekommen, weil man diese Techniken angewandt hat? Schlusssatz war dann immer: Wenn es jetzt gut geht, dann bessere ich mich.

Das mit dem Bessern bzw. Ändern habe ich nur allzu schnell vergessen, wenn dann alles wieder gut war.

Habe ich es jetzt ausgereizt? Zu oft gebeten, erhalten, aber meine Versprechen vergessen?

Bin ich schuld an der Krankheit meiner Frau?

Denn das ist sicherlich—neben Schlimmem mit meinen Kindern— die größte Strafe, die ich mir vorstellen kann.

Ich schlafe nicht gut. Die Nacht ist anders als sonst. Sie ist ihres durch Schlaf erschaffenen Trostes beraubt.

Als ich aufwache, denke ich für einen Moment, es sei nur ein schlechter Traum gewesen.

Aber so ist es nicht: Der Termin ist um acht Uhr.

Die Kinder müssen zur Schule. Was ist mit meiner und Liliths Arbeit, wollten wir nicht Urlaub planen? Verwirrung.

Das Schlimme bei solchen Horrornachrichten ist, dass das Leben sofort in aller Alltäglichkeit weitergeht.

Wie sollten wir in dieser Schockstarre irgendetwas bewegen?

Na ja, vielleicht ist es ja gar nicht so schlimm. Entweder kein Tumor oder wenn, dann gutartig.

Auf dem Weg zur Mammografie halte ich wieder innere Einkehr: Was ich alles täte, wie ich mich veränderte, mit was ich alles zufrieden wäre, wenn sich die mögliche Hiobsbotschaft nicht bewahrheiten würde.

Das Wartezimmer ist neu und schön, mit Flachbildschirm und Ledersofa. Man merkt gleich, dass hier nicht die kleinen Krankheiten zu Hause sind.

Wir drücken uns aneinander. Wir haben noch Hoffnung. Es kann noch alles gut werden.

Zeit ist plötzlich egal. Warten tröstlich.

Doch irgendwann wird man aufgerufen.

In dieser Liga ist kein Platz für Niedlichkeiten. Nach kurzer Untersuchung kommt die Bestätigung des Befundes der Hausärztin.

Ab jetzt gibt es nur noch Klartext: zwei Herde, der eine könnte alles sein, der zweite ist wahrscheinlich bösartig.

Der Boden bricht weg. Gespielter Mut, gespielte Härte, gespielte Tapferkeit.

Zurück ins Auto, vielleicht hat er Unrecht? Auch Ärzte irren sich. Was jetzt?

Was hat der Arzt überhaupt gesagt? Was ist zu tun? Wer kann helfen?

Man fühlt sich selber wie ein Tumor in der sich weiterdrehenden Welt um einen herum.

Nach Hause fahren, Geborgenheit. Keine Chance. Der Befund verfolgt uns.

Ich muss jetzt stark sein. Für uns beide. Aber es tut so weh.

Wie sehen die nächsten Schritte aus? Wer hatte es schon? Eine Freundin? Am besten gleich anrufen.

Arbeit informieren. Was sonst noch?

Jeder klare Gedanke wird verschwommen. Was nun?

An diesem Abend setze ich mich hin und beginne, unsere Geschichte und meine Gedanken aufzuschreiben.

Bestätigung

Wir müssen wissen, was es ist. Biopsie heißt der nächste Schritt, leider nur für kurze Zeit ein Fremdwort. Tage später ist man unfreiwilliger Experte.

Brustzentrum Coesfeld: „Wenn Sie sofort kommen, können wir eine Biopsie durchführen."

Wir springen ins Auto, holen noch schnell eine Überweisung und sind pünktlich da. Alle sind nett und versuchen durch ihre Art, die dunklen Wolken zu vertreiben.

Doch viel zu schnell die Bestätigung; die nächste.

Wie geht es weiter? Rausschneiden, bestrahlen, Chemo? Wir gehen etwas essen. Bloß jetzt nicht gleich wieder ins normale Leben.

Reden. Was können wir uns jetzt noch schönreden?

In zwei Tagen soll das Ergebnis da sein. Danach werden wir weitersehen.

Das Leben fühlt sich an wie ein stotternder Wagen. Man lebt von Termin zu Termin, von Entscheidung zur nächsten Entscheidung.

Was sollen wir nur tun?

Wir kaufen Arnika-Kügelchen und schwere Schlaftabletten.

Selten lagen Arzneien so weit auseinander.

Aber ich habe eine starke Frau. Bis zu diesem Abend hat sie keine genommen.

Heute fangen wir mit einer halben an.

Schon jetzt wird gesagt, es läuft uns nichts weg. Aber wir wollen schnelle Entscheidungen.

Es soll schnell wieder schöner werden.

Ein Tag krankheitsfrei. Noch ist nichts passiert. Wir haben Zeit, den Alltag zu regeln. Noch ist nichts passiert. Wir haben ja noch keine endgültige Bestätigung. Noch ist nichts passiert.

Das Ergebnis

Am nächsten Tag gehe ich arbeiten. Ich weiß nicht recht, wie ich mich verhalten soll. Wenn ich die Situation erkläre, kämpfe ich oft mit den Tränen. Husten, bevor die Flut losgeht, hilft.

Immer wieder muss ich erklären. Immer wieder meine ich, stark sein zu müssen.

Dann kommt der Tag der Wahrheit: Das Ergebnis ist da.

Zuerst die gute Nachricht: Es ist nur einer.

Dann die schlechte: Der ist bösartig.

‚Sie haben Zeit', heißt es, der Plan sagt jedoch: MRT, Einweisung und Operation an drei aufeinander folgenden Tagen.

Ein G1 Tumor, langsam wachsend, die Lymphen nicht befallen. Hoffnung im Tal der Tränen. Wahrscheinlich überleben wir. Der Kampf kann beginnen.

Die Gedanken hängen am nächsten Schritt. Wer schneidet das Übel heraus?

Ich spreche mit meinem Hausarzt über das Problem.

Ist Problem das richtige Wort dafür?

Bevor ich es vergesse: Ich liebe meine Frau. Ich liebe meine Frau. Ich liebe meine Frau.

Die 3 ist meine Glückszahl.

Was hilft neben der Schulmedizin? Wer weiß das schon?

Der Freitag wird auserkoren, den nächsten Schritt zu verfestigen, wer operieren soll. Termin im Brustzentrum Greven.

Wohin sollen wir gehen?

Zum ersten Mal geht es nur um den Brustkrebs. Ein Mammografie-Zentrum. Eine Abteilung nur für diese Laune der Natur.

Der Arzt scheint genau zu wissen, was er tut. Er ist sogar in der Deutschen Gesellschaft für Senologie. Hilft das, die richtige Entscheidung zu fällen?

Wer liebt, kann nicht denken.

Zwischendurch ruft das Brustzentrum Münster an. Ein Termin mit der Spezialistin ist jetzt doch möglich. Operieren kann sie aber nicht, sie geht in Kürze in Urlaub. Ja, Urlaub, das steht ja auch jedem zu.

Der Spezialist aus Coesfeld hat auch Urlaub. Es ist schon fast tröstlich, dass dadurch die Auswahl kleiner wird.

Ein Kollege nennt Berlin. Ist das eine Option? Was ist mit der Nachsorge?

Noch nie musste ich eine so wichtige Entscheidung auf der Grundlage von so wenigen Informationen fällen.

Oder denke ich wieder zu viel?

Es Arbeiten alle nach Richtlinien. Jeder muss dasselbe tun. Ist das auch so?

Nicht jeder ist gleich. Nicht jeder Tag ist gleich. Für meine Frau bitte nur das Beste. Aber was ist das Beste?

Der Kaffee in Greven ist gut. Das Krankenhaus ist schön. Die guten Chirurgen gehen doch sicherlich auch nach diesen Aspekten, oder nicht, oder doch, oder nicht?

Coesfeld ist raus, die Chirurgin hat Urlaub, Greven ein neuer Weg.

Aber da ist auch noch der Weg nach Osnabrück.

Wir müssen uns entscheiden, wir wollen uns entscheiden. Es soll weitergehen. Es soll wieder besser werden. Der Weg tut weh.

Wir werden angerufen, es geht nach Osnabrück. Einen Tag zuvor hatten wir um einen schnellen Termin in diesem Brustzentrum gebeten. Wir kommen in einen Stau und versuchen ihn zu umfahren.

Hat ein Stau in unserer Situation eine Berechtigung?

Darf ich schneller fahren als andere?

Ich bin traurig, darf es aber nicht zeigen. Konzentriert Auto zu fahren vermeidet das Denken.

Wir kommen pünktlich an und treffen einen tollen Menschen.

Durch seine Leichtigkeit kommt uns unser Problem für eine kurze Zeit wie eine Alltäglichkeit vor.

Wir bekommen es hin. Er bekommt es hin. Wir müssen uns nur entscheiden.

Kriegsrat. Natürlich im Café. Eine zweite Option wird mit Kuchen gefeiert.

Wir haben alles Mögliche getan, um uns entscheiden zu können.

Nein, wir haben alles Mögliche getan, um uns schnell entscheiden zu können.

Die Ärzte sagen, wir haben Zeit. Haben wir die?

Zwar sind wir seit ein paar Tagen unfreiwillige Experten, aber es könnte auch ein verbales Baldrian-Tröpfchen sein.

Wir sind wieder zu Hause. Alle Partys absagen. Ruhe. Ruhe. Ruhe.

Bei drei Kindern gibt es keine Ruhe, wenn man ein Trauma bei ihnen vermeiden will. Die Kinder 8,9 und 11 Jahre alt leben noch in ihrem Urvertrauen das nichts Schlimmes passiert. Diese schützende Eierschale wird gestärkt durch unsere Erklärung, dass die Mama natürlich wieder gesund wird.

In diesem Zusammenhang ein hoch auf die Schwiegereltern, die uns immer wunderbar unterstützt haben.

Die ersten Tage habe ich keinen Tropfen angerührt.

Ich will stark sein. Überlegen können. Je länger es dauert, desto eher ist man bereit, diese Bereitschaft aufzugeben.

Die Gefühle fahren Achterbahn,

Diese Floskel beschreibt das Leben in so einer Zeit relativ gut. Es gibt immer wieder gute Momente.

Besonders dann, wenn ich sehe, dass meine Frau lächelt. Unweigerlich wie bei der Achterbahn kommen jedoch auch die dunklen Gedanken.

Positiv denken. Was du ablehnst, ziehst du an. Bin ich, sind wir selber schuld? Ist es so einfach oder so kompliziert?

Ein Schnaps, ein Glas Wein, ein Bier heute, ist das schon oder noch Stärke?

Dann gehe ich zu Bett. Warum bin ich nicht schon längst da? Meine Frau zu halten in ihrem Schmerz ist tröstlich. Schlaf ist ein vorübergehender Trost.

Draußen regnet es. Wenigstens ist das Wetter ehrlich zu unserer Situation.

Morgen ist MRT-Tag in Greven, hoffentlich war die Entscheidung richtig. Ich denke ja.

MRT

MRT im Krankenhaus unserer Wahl. Die Ärzte und die Krankenschwestern sind wirklich nett.

Ich sitze im Warteraum zum MRT. Zwei Patienten sind vor uns dran.

Zwei Mal Verdacht auf Bandscheiben, aber in beiden Fällen wird er nicht bestätigt. Der Arzt sagt, es sei nicht so schlimm. Wie wird unser Befund? Kommt nach zweimal Plus ein Minus? Keine Ahnung. Außerdem ist ja ein positiver Befund eigentlich negativ.

Alle erhalten eine CD und einen schnellen Bericht, wir nicht. Wir sollen uns beim Brustspezialisten melden. Warum? Ist es nur komplizierter oder schlimmer? Tausend Fragen, keine Antworten.

Der Spezialist geht mit uns zum Radiologen, der scheint über diese Vorgehensweise ein wenig verwundert. Ist aber sofort bereit, Auskunft zu geben. Natürlich sind alle zuvorkommend.

Die Bilder sind gut und schlecht: Auch auf diesen Aufnahmen scheinen die Lymphen nicht befallen zu sein, aber der Tumor ist größer als gedacht und hat fiese Ausläufer zur Haut und zum Brustmuskel.

Mir wird heiß und kalt. Ich schaue auf das Gesicht des Arztes. Ist es ernst oder besteht Hoffnung?

Lilith weicht in dem ohnehin kleinen Raum nach hinten zurück. Sie hat schon mehr Informationen, als ihr lieb ist.

Sie will schnellstmöglich die OP. Hier. Sie hat Vertrauen zum Arzt.

In mir regt sich wieder der Optimierungswille. Nein, wir sind noch nicht fertig mit der Entscheidung. Was ist mit Osnabrück? Weiß der mehr? Hatte er nicht von einer Zwischenstufe gesprochen, einer Chemo vor der OP? Das müssen wir abklären.

Ich brauche die CD und den Befund. Der Befund soll dauern.

Wie geht es weiter?

Zwischenstopp mal wieder im Café.

Wir diskutieren kurz und wollen die Meinung aus Osnabrück.

Ein Anruf und wir haben um vier Uhr einen Termin.

Sogar der Befund wird zeitnah weitergeleitet. Ein Hoch auf die IT-Welt. Wie hat man vor zwanzig Jahren so etwas nur überlebt?

Osnabrück zum Zweiten, und wir sind zum ersten Mal zu früh.

Also Kaffee und Kuchen. Das Krankenhaus ist schon etwas in die Jahre gekommen, aber die Menschen sind nett.

Der Arzt ist nun auch von einer OP überzeugt. Was er sagt, klingt für mich gut und einleuchtend.

Aber es ist nicht die gleiche Meinung wie in Greven.

Es werden unterschiedliche OP's vorgeschlagen. Nachdem ich diesen Umstand erklärt habe, geht alles ganz schnell.

Im Grunde heißt das, wir müssen entscheiden, wo und von wem.

Ich komme mir vor wie im Parfümladen. So viele Düfte, und ich kann mich nicht mehr entscheiden.

In diesem Wirrwarr bekomme ich erst gar nicht mit, dass Lilith sich längst entschieden hat.

Die Entscheidung ist gefallen

Es soll Greven werden.

Ich bin froh: Wir haben den nächsten Schritt aufgesetzt. Der neue Plan ist mit Leben gefüllt.

Ein Tag Pause, ein Tag Voruntersuchung, dann die OP.

Es wird keine Zeit verschwendet. War das MRT Grund für diese schnellen Abläufe?

Wir fahren nach Hause. Es ist entschieden.

Zu Hause ist die Familie. Lilith hat Geburtstag. Ein tröstliches Bier und ein Wein. Aber nicht mehr.

Das Spiel ist noch nicht zu Ende.

Ach ja, morgen will ich ja auch arbeiten. Muss ich arbeiten. Das Leben geht weiter.

Habe ich eigentlich noch nichts daraus gelernt? Doch. Am nächsten Tag ist das Wichtige deutlicher als die Lebenslückenfüller. Ich schaue genauer hin, ich höre genauer hin.

Ich habe tolle Kollegen. Jeder geht anders mit meiner, unserer Situation um. Ich will stark sein. Die meiste Zeit gelingt mir das auch nach außen.

Der Tag ist fast zu Ende. Im Grunde habe ich zu wenig geschafft. Ist aber auch kein Wunder.

Der Kopf ist immer wieder bei Lilith.

Dann ist da ja noch mein PSA-Wert. Ist er zu hoch besteht die Gefahr auf Prostata Krebs. Kann aber auch nur eine Entzündung im Körper sein. Meiner war letztes Mal ein wenig zu hoch. Den muss ich dringend kontrollieren lassen. Am besten heute. Wer weiß, was noch kommt.

Ein bisschen Sicherheit hier würde helfen. Also los: Alles klappt reibungslos. Morgen Mittag gibt es das Resultat.

Wieder flehe ich alle Götter an, dass uns hier ein ähnliches Schicksal erspart bleibt. Wir werden sehen.

Zu Hause angekommen, sind die Kinder bereits ausquartiert, das Haus gemacht und alles vorbereitet.

Lilith ist wirklich unglaublich.

Warum ist mir das vorher nicht so aufgefallen? Wir versuchen, uns mit einem Film abzulenken, aber im Grunde wollen wir nur ins Bett, schlafen, damit es schnell weitergeht und ein Ende des Schreckens in Sicht ist.

OP

Am nächsten Morgen funktionieren wir wieder toll. Oft ist Tun tröstlich.

Als wir um acht Uhr in Greven ankommen, geht es direkt los. Eine Untersuchung jagt die nächste. Alles ist gut und straff durchorganisiert.

Aber zwischendurch bricht diese automatisch ablaufende Welt immer wieder zusammen und wir werden uns der Situation erneut bewusst.

Wenn dann die Tränen fließen, weiß man schon bevor sie vertrocknen, dass es im ersten Moment danach etwas besser geht.

Ich liebe meine starke Frau. Sie liegt jetzt allein in ihrem Krankenhauszimmer. Ich hoffe, sie nimmt die Schlaftablette.

Morgen ist OP-Tag.

Ich telefoniere von zu Hause mit Lilith. Sie hat nur bis ein Uhr geschlafen, danach war sie wach. Ein Horror, wenn man zu viel Zeit zum Nachdenken hat. Ein Horror, wenn man zu wenig Zeit zum Nachdenken hat.

Mittlerweile habe ich einen nervösen Magen.

Ich. Ich. Ich.

Ich glaube, ich sage viel zu oft ich. Was ist das? Selbstmitleid. Mir geht es doch gar nicht schlecht.

Das ist ein wichtiger Punkt, den ich unbedingt ändern muss.

Weniger Selbstmitleid, weniger jammern, weniger verstellen, zufriedener sein usw.

Ich will mich ändern. Ich werde mich ändern. Alles wird gut.

Am Telefon weiß ich nicht mehr, was ich sagen soll. Aber das Gespräch muss laufen. Wenn ich sie nicht ablenke, wer dann?

Ich suche händeringend nach Themen. Aber ich bin leer. Ich kann keine klaren Gedanken mehr fassen.

Ich kann es ihr nicht abnehmen. Schon wieder.

Ich. Ich. Ich.

Es ist alles gesagt, getan. Jetzt kommt das Unausweichliche, die OP. Oder gibt es noch andere Wege?

Nein, alle haben gesagt: Heraus damit.

Hoffentlich sind die Lymphen nicht befallen.

Hoffentlich ist der Tumor nicht zu groß.

Hoffentlich bleibt er ein G1, ein langsam wachsender Tumor.

Hoffentlich muss nur einziges Mal operiert werden.

Hoffentlich reicht die Strahlentherapie aus.

Hoffentlich sieht die Narbe nicht unschön aus, damit Lilith wieder glücklich wird. Dabei ist mir dieser Punkt vollkommen egal.

So was von egal. Ich hoffe, dass Lilith nicht denkt, das wären leere Worthülsen.

So viele Wünsche auf einmal.

Ich sitze hier im Krankenzimmer und warte auf Lilith.

Hoffentlich ist mein PSA-Wert niedrig. Dann bleibt mehr Kraft für Lilith.

Um zwölf Uhr werde ich angerufen. Warum sagen sie mir nicht einfach den Wert? Warum muss der Arzt mich anrufen? Alles wird gut, unter fünfzig Jahren gibt es selten Probleme, habe ich gelesen.

Wieder ich. Aber bessern will ich mich.

Verbessern will ich mich. Vergessen will ich nicht.

Mit diesem Buch will ich meinen Geist immer wieder neu kalibrieren, damit ich richtig lebe.

Am Tag zuvor habe ich noch mit einem Freud gesprochen. Auch seine Frau hatte einen Knoten in der Brust.

Knoten in der Brust. Klingt viel besser als Tumor. Tumor klingt nicht gut.

Einen Knoten kann man lösen. Ein Tumor ist wie ein Ding von einer anderen Welt, auf das man überhaupt keinen Einfluss hat.

Viele Ausbildungsberufe haben in der Vergangenheit andere Namen erhalten: Dreher wird zu Zerspanungstechniker, Kindergärtnerin zu Erzieherin, Putzfrau zu Raumpflegerin.

Klingt doch viel besser und gibt dem Beruf mehr Wert bzw. den Wert, den er verdient.

Vielleicht sollte man das für Krankheiten übernehmen, heilbare vielleicht schöner benennen, damit das Grauen kleiner wird.

Wobei dadurch die schlimmen Krankheiten natürlich noch schlechter abschneiden.

Denn das schlimmste Wort ist das mit K.

Also vergessen wir diesen Gedanken mal ganz schnell.

Warten. Warten. Warten.

Warum haben Krankenhausbetten eigentlich immer diese hässliche Mechanik unter der Liegefläche?

Warum ist nicht in jedem Zimmer ein kleines Linearportal an der Liegefläche für hoch/runter oder wegklappen, wenn es nicht benötigt wird. Oder hängt von der Decke? Vielleicht gibt es das schon.

Für den Transport innerhalb des Krankenhauses könnte man ein schönes, schnell beziehbares Shuttle bauen.

Egal.

Oder auch nicht. Warum beschäftigt man sich oftmals nicht mit den Dingen, die einen interessieren?

Warum lebt man so oft seinen Tag herunter? Ich wollte nicht schon wieder ich schreiben.

Warum verlernt man immer wieder, die kleinen Dinge im Leben zu schätzen?

Nach berühmten Psychologen hat jede Krankheit ihren Sinn. Veränderung.

Für Lilith? Oder für mich? Wahrscheinlich für uns beide.

Ich habe gelesen, man solle diese Krankheit als Chance sehen. Langsam beginne ich zu verstehen, was damit gemeint ist. Vielleicht sollten wir die Krankheit so nennen: Chance.

Blödsinn.

Viele wirre Gedanken. Ich schreibe einfach. Ich werde auch später nichts wegstreichen. Das hier wird auch kein literarisches Meisterwerk.

Medizin schmeckt oft grässlich.

Warten. Warten. Warten.

Wo bleibt sie? Ich will nicht darüber nachdenken und wieder spekulieren.

Durch das Getippe vergeht die Zeit. Immer wieder muss Zeit vergehen, damit es besser wird.

Jetzt schaue ich mal nach. Warum dauert es so lange? Die Schwester sagt, ich könne kurz zu ihr.

Lilith ist wach. So weit, so gut. Ich muss wieder raus und warte vor der Station.

Dort treffe ich den operierenden Arzt. Wir gehen aufeinander zu. Er lächelt. Ist das gut?

Er muss zur nächsten OP und hat nur kurz Zeit. Er sagt, die OP sei gut verlaufen.

Hoffnung keimt auf.

Im zweiten Satz werde ich dann schon wieder angezählt. Ein Lymphknoten war befallen.

Er habe daher alle Lymphknoten herausgenommen. Ich solle froh sein, dass die OP gut verlaufen sei, aber die Traurigkeit über das Herausnehmen aller Lymphknoten überwiegt, da damit die Hoffnung, ohne Chemo auszukommen, verfliegt.

Im gleichen Moment wird Lilith ins Zimmer geschoben.

Ich kann es ihr doch jetzt nicht sagen. Sie kommt gerade von der OP. Ich muss es ihr sagen. Mein Versuch, es schonend zu sagen, misslingt.

Schon wieder fließen Tränen. Ich möchte irgendetwas kaputt schlagen. Langsam höre ich auf zu hoffen, mehr und mehr werde ich einfach nur sauer.

Wie ungerecht, warum Lilith, reicht Herausschneiden und Bestrahlen denn nicht aus?

Wer wird hier bestraft und warum?

Meine Frau ist stark. Nach den ersten Tränen nimmt sie den Kampf bereits wieder auf.

Wir werden das schaffen. Auch die Chemo. Man hat danach auch mehr Sicherheit, dass die Krankheit nicht wiederkommt.

Stärke ist, sich der neuen Situation zu stellen und sie schön anzumalen.

Plötzlich geht das Telefon. Ach ja, da war ja noch meine Baustelle.

PSA 5.7. Gefallen.

Vorerst nur Beobachtung. Im September mal wieder kommen.

Es tut gut, Lilith auch mal etwas Positives mitzuteilen. Ein kleines Kerzelein im Dunkeln.

Vorerst können wir uns hundertprozentig um Lilith kümmern, und das werde ich tun.

Sie liegt jetzt in ihrem Bett. Jetzt heißt es wieder warten, warten, warten.

Heute Nachmittag kommt sicherlich noch der Arzt und erklärt, was er gemacht hat.

Ich nehme es ab jetzt, wie es kommt.

Ich hoffe, es kommt gut.

Später kommt der Arzt herein und erklärt die Situation. Zwei Wächterknoten, einer befallen, daher mussten alle Lymphknoten heraus. Die Wächterknoten zeigen die Wahrscheinlichkeit an ob auch andere Lymphknoten befallen sind. Ist einer befallen, werden, um sicher zu gehen, alle entfernt.

Bei dieser Diagnose ist es unausweichlich.

Eine Entscheidung dagegen ist nicht tragbar.

Wir hatten gehofft, Lilith würde verschont werden.

Auf Deutsch: Die Chemo wird empfohlen.

Noch mehr Untersuchungsergebnisse

Nach Momenten großer Traurigkeit haben wir auch diese furchtbare Nachricht irgendwie verdaut. Wie viel schlechte Nachrichten kann ein Mensch ertragen?

Ich komme langsam an meine Grenzen. Wie geht es Lilith dann wohl?

Es wird kein kurzer Weg, soviel ist klar. Was kann sonst noch alles passieren?

Hoffentlich sind die anderen Lymphknoten o. k. Hoffentlich ist genug herausgeschnitten.

Schon wieder dieses Wort. Hoffentlich.

Die Hoffnung stirbt zuletzt. Solange man hofft, geht es weiter. Solange man das Problem bekämpfen kann, besteht Hoffnung.

Freitag, und mal wieder einen Tag arbeiten. Die alte Fröhlichkeit ist verflogen. Ich könnte heulen.

Die Prioritäten verschieben sich. Ich kann mir gerade gar nicht vorstellen, noch fünfundzwanzig Jahre zu arbeiten.

Wozu das alles?

Die Schwiegermutter ruft an und teilt mir mit, dass sie Lilith im Krankenhaus nicht erreicht.

Was ist da los? Die Gedanken suchen sich wieder eigene Wege.

Irgendwie kriege ich Lilith dann doch ans Telefon. Eine gute Nachricht von ihr erhellt mein Gemüt.

Das Bauch-CT und der Ultraschall sind o. k. Ein kleiner, aber wichtiger Schritt. Am Montag der nächste Schritt.

Da soll ein Knochen-CT gemacht werden.

Ich bin so müde. Am Samstag fahre ich mit meiner Schwiegermutter und den Kindern zu meiner Frau.

Die Kinder verstehen nicht, warum Mama und Papa so schlecht drauf sind. O. k., sie wissen ja auch nicht in vollem Umfang Bescheid. Das wäre auch nicht gut.

Aber wenn einem die Nerven blank liegen, reicht ein kleiner Funken. Ich mache es irgendwann wieder gut.

Ich muss mein Leben ändern.

Abends gehe ich mit meinen Kindern Fußball schauen bei meinem Bruder.

Es tut gut, mit ihm zu reden und mit den Kindern Fußball zu spielen. Ein bisschen Normalität.

Das Grillfleisch ist fertig. Plötzlich muss sich Michael übergeben. Ich weiß nicht, wann er sich das letzte Mal übergeben hat. Keine Normalität. Vielleicht tut er nur so tapfer. Ich muss auf ihn achtgeben.

Am Montag bin ich wieder im Krankenhaus. Sieben Stunden, und trotzdem kann ich mich am Abend kaum trennen.

Das muss Liebe sein. Und wirklich, ich verliebe mich gerade wieder neu in meine tapfere Frau.

Ich will bei ihr sein, stark für sie sein, doch die wahre Stärke ist in ihr.

Es ist unglaublich, wie sie alles wegsteckt.

Danke für das Leben

Man sollte das Leben jede Sekunde genießen. Und damit meine ich auch die vielen leicht übersehbaren Kleinigkeiten:

Die duftende Blume, die warmen Sonnenstrahlen, den Wald, Autofahren, eine Berührung.

Jedes gute Wort, ein netter Blick, eine warme Dusche, das Nicht-alleine-Sein und warme Socken.

Morgen erhalten wir wahrscheinlich das Ergebnis der Untersuchung. Ich will nicht darüber nachdenken. Ich will es hören und weitermachen, bis alles wieder gut ist.

Ich muss mein Leben ändern. Ich werde mein Leben ändern, es hat schon angefangen.

Wie viel Freude braucht ein glückliches Leben? Wenn die Gesundheit gegeben ist, hat man alles selber in der Hand beziehungsweise in seinen Gedanken.

Danke für das Leben.

Das Wochenende ist vorbei. Die Abwesenheit von der alltäglichen Arbeit hilft genauso wie die Arbeit an sich. Gestern war ich den ganzen Tag bei meiner tapferen Frau. Kam mir vor wie eine halbe Stunde.

Es ist schon eigenartig, dass man sich vorher bei spannenden Unternehmungen gelangweilt hat.

Momentan tickt die Zeit in zwei unterschiedlichen Rhythmen. Da ist zum einen das normale Leben, die Arbeit, die Kinder – eben die vierundzwanzig Stunden des Tages. Hinzugekommen ist die Zeit der Krankheit, des Wartens, die nicht enden wollende Zeit der Unsicherheit.

In dieser Zeit läuft einiges anders. Da ist man zum einen überhaupt nicht bei der Sache: Habe ich die Tür jetzt abgeschlossen oder nicht? Wollte ich nicht noch etwas mitnehmen? Ich bin nun total desorganisiert.

Diese Zeit lähmt den Verstand und der Körper zieht nach. Mir ist flau im Magen. Ich habe so recht keinen Appetit und kann mich nur schwer aufraffen.

Die Luft ist dicker und schwerer zu atmen. Und damit meine ich nicht die Luft im Krankenhaus.

Heute ist Montag. Vielleicht werden wir heute mehr erfahren. Warten. Warten. Warten.

Warten lässt ohne jeden Kontakt irgendwann sogar Granit zerbröseln.

Aber man hat keine andere Chance. Man kann nichts beschleunigen oder hinzutun. Ich fühle mich wie ein Auswechselspieler am Feldrand.

Ich gehe erst arbeiten, dann fahre ich los zu Lilith. Im Auto ruft sie mich an.

Das Knochen-CT ist o. k. Gott-sei-Dank – und allen, die helfen.

Als ich aufgelegt habe, schreie ich laut.Danke!

Wieder ein kleiner Schritt den Berg hinauf. Als ich ins Zimmer komme, ist Lilith fix und fertig.

Die lange Anspannung, wie der CT-Befund ausfällt und die CT selber haben ihrem ohnehin kaum vorhandenen Blutdruck den Boden weggezogen. Aber sie ist wie immer tapfer und ein wenig glücklich über das Ergebnis.

Aber immer wieder flackert die Frage auf: Warum? Warum ich? Ein unsichtbares Kopfschütteln.

Aber was hilft es: Das Leben fragt nicht, und es gibt schon gar keine Antworten.

Danach fahre ich noch zu den Kindern. Die sind momentan bei Liliths tollen Schwester und meinem tollen Schwager.

Ihnen geht es gut. Soweit ich das beurteilen kann. Oder ich kann mir die Schauspielschule für die drei sparen.

Morgen wird wohl das Ergebnis kommen. Wie wird es ausfallen? Ich hoffe das Beste für Lilith.

Dieser Text soll mich immer wieder daran erinnern, wie schrecklich das Leben sein kann. Die Worte sollen mich leiten, damit meine Gedanken die richtigen Wege finden. Auch sollen meine Augen scharf gestellt werden auf die wirklich wichtigen Dinge im Leben.

Und das ist nicht, um 20.15 Uhr den Abendfilm zu schauen.

Und das ist nicht, jedes Jahr zu versuchen, mehr zu verdienen.

Und das ist nicht, über Kleinigkeiten zu streiten oder über Nichtigkeiten zu jammern.

Es ist es auch nicht, der Schlaueste zu sein oder so zu tun. Auch nicht der Schönste, der Sportlichste, der am besten Angezogene oder die mit den nettesten Kindern.

Es ist ein Lächeln, es ist Verständnis, es ist der Mut zum Anderssein, zum Wirklichsein.

Morgen fange ich damit an.

Nein, jetzt.

Ein Hoffnungsfunke

Wieder alleine frühstücken. Die Schwiegermutter kommt noch vorbei. Wir schweigen uns an. Was soll man auch sagen? Ich verspreche ihr, sie anzurufen, sobald ich etwas weiß.

Ihre Nerven liegen auch blank. Ich muss aufpassen, was ich ihr sage.

Ich fahre arbeiten. Die Gedanken der letzten Wochen wirken.

Ich schaue ständig auf das Handy. Warten auf einen heißersehnten Anruf, den man im Nachhinein vielleicht verteufelt.

Mitten im Meeting klingelt das Telefon. Im Display Lilith. Ich gehe ran, als wenn ich vom Zehnmeterturm springe. Um zu springen, einfach nicht nachdenken.

Ich höre an ihren ersten Worten, dass die Nachricht nicht zu schlimm ausfallen wird.

Dann die Nachricht: Alles gut. Mir wird fast schwindelig. Eine benebelte Leichtigkeit des Seins tritt ein.

Es muss nicht nochmals operiert werden. Der Chirurg hat gute Arbeit geleistet. Auch die zusätzlich herausgenommenen Lymphknoten sind nicht befallen.

Ich sage erst einmal Danke. An wen auch immer.

Danke, danke, danke, danke, danke, danke, danke, danke, danke, danke, danke, danke, ...

Danach möchte ich es unbedingt anderen erzählen. Das Warten hat ein Ende. Der Gegner ist lokalisiert, definiert und kann geschlagen werden.

Welche Schrecken die Schlacht auch immer bringen werden, ich bin bereit.

Es gibt Hoffnung, Zuversicht.

Als ich im Krankenhaus ankomme, ist Lilith völlig fertig, aber auch ein wenig glücklich.

Im Flur treffe ich den Chirurgen meines Herzens. Ich danke ihm mehrfach. Mir scheint, er ist selber über den Ausgang glücklich.

Als wir wieder unseren Krankenhausrundgang durchführen, hat sich das Thema gegenüber den letzten Tagen gewandelt. Wir reden über Fehler und wie wir es besser machen können.

Heute ist der Abschied einfacher. Vielleicht kann ich Lilith morgen mit nach Hause nehmen.

Es soll eine Tumorkonferenz am frühen Nachmittag geben, danach die Info im persönlichen Gespräch zur weiteren Vorgehensweise.

Ich bin so glücklich. Obwohl die Gesamtsituation nicht schön ist und wir die Chemo wahrscheinlich nicht vermeiden können, bin ich glücklich.

Der Verstand ist gut darin, mögliche Szenarien auszumalen und geht oft vom Worst Case aus. Wenn dieser dann nicht eintritt, ist man glücklich.

Die Definition der Zufriedenheit, des Glücklichseins wird im Leben immer neu geschrieben.

Die Auslegung übernimmt dann die Erfahrung. Ich trinke gerade ein kühles Bier. Ein Feierbier.

Es ist so schön, ein mögliches Ziel vor Augen zu haben.

Morgen geht es weiter auf meinem Weg der Veränderung. Es muss sein. Es soll sein. Es wird sein.

Bis hierher wollte ich auf schwarzem Papier schreiben, ab heute würde das Papier heller werden und ich hoffe, dass es irgendwann wieder weiß ist.

Das sollte dann meinen Gemütszustand widerspiegeln. Ich weiß nicht, wie ich es ausdrücken soll, aber mit der Klarheit über den Tumor kam auch die Klarheit, was zu tun ist, und das beruhigt. Es schaltet in einem den „Schlimmausmaler" aus.

Das Problem wird fassbar, angreifbar und lös-
bar.

Am nächsten Tag will ich eigentlich zur Arbeit.
Aber es ist so viel zu tun, zu regeln, zu planen, ab-
zuarbeiten. Haushaltshilfe, aufräumen, tanken, ...
Und mittags ist Tumorkonferenz.

Da will ich natürlich dabei sein. Ich komme aber
dann zu spät. Die Konferenz wurde vorverlegt.

Ich sollte aber auch langsam wissen, dass man
nicht alles planen kann.

Resultat der Konferenz: Chemo ja, und zwar
achtmal jeweils im Abstand von drei Wochen.

Schon wieder regt sich der ängstliche Nachden-
kende in mir. Warum ist Chemo plötzlich so klar
und warum achtmal? Hatte ich nicht gelesen, vier-
bis sechsmal?

Ich versuche, nicht so viel darüber nachzudenken. Sie werden schon wissen, was sie tun. Ich

finde auch sehr schnell gute Gründe dafür. Da kriege ich langsam Übung drin. Ich denke mir, heute wird jede einzelne Chemo verträglicher gemacht, und dadurch muss sich die Dauer erhöhen, um gleiche Resultate zu erzielen.

Und schon besteht die Möglichkeit, dass diese Nachricht gut ist. Wir lechzen nach guten Nachrichten. Ich schreibe nicht mehr positiv, da ich jetzt gelernt habe, dass positive Nachrichten/Befunde in der Medizin nichts Gutes verheißen.

Ich darf sie mitnehmen.

Lilith schließt nur noch einzelne Schritte ab und schaut sich danach den nächsten an.

Dadurch kommt auch plötzlich bei all der Freude dieses Zwischenhochs die Traurigkeit über die Chemo auf. Der nächste Schritt: Die Haare.

Erst einmal nach Hause. Morgen früh kommt die Haushaltshilfe.

Ich habe den Eindruck, Lilith will nicht schon wieder eine neue Erfahrung. Am liebsten würde sie die Haushaltshilfe absagen. Haben ja, aber noch nicht jetzt.

Der nächste Morgen. Die Zeit geht weiter.

Die Haushaltshilfe ist sehr nett. Sie macht die Sache leichter, mir den Weg zur Arbeit leichter.

Bei der Arbeit schnell alles auf hellgrün bringen, da morgen ja wieder Arzttermine anstehen.

Um halb neun punktieren, danach weiter zum Hautarzt. Ja, Hautarzt.

Mir war nicht klar, wie viel Gedanken sich Lilith über ihre Muttermale gemacht hat.

Sie braucht dringend eine gute Nachricht, dass die Muttermale nicht zum nächsten Problem werden.

Bei der Untersuchung bin ich dabei. Ich bin eigentlich ganz ruhig, aber plötzlich schrecke ich zusammen.

Was ist denn, wenn etwas gefunden wird? Für mich war das eigentlich eine Routineuntersuchung.

Aber plötzlich wird mir klar, dass es keine Routineuntersuchungen mehr geben wird.

Am Abend trinke ich ein wenig Wein. Ich würde momentan nicht mehr trinken. Ich muss wach im Kopf bleiben.

Ich habe ohnehin, seit die erste Nachricht kam, das Gefühl, mein Gehirn läuft auf Sparmodus. Mir fällt es schwer, mich zu konzentrieren. Die Gedanken lähmen meinen Körper und meinen Geist gleichermaßen.

Wir machen einen Ausflug. Alles, das ablenkt, tut Lilith gut. Nur nicht nachdenken, was kommt.

Man lechzt so nach wiedereinkehrender Normalität, dass man auch das bisher Schlechte sehr schnell wieder annimmt. Das darf nicht sein. Dafür schreibe ich diese Zeilen. Mann! Begreif es endlich.

Ich habe keine Geduld mit meinen Kindern. Sie helfen uns nicht. Sie sind verwöhnt. Sie erfassen die Situation nicht. Wie auch, sie kennen sie ja Gottseidank nicht.

Trotzdem erwartet man.

Auf Lilith hagelt eine Flut von Terminen nieder. Zum ersten Mal seit Beginn dieser Sache übernimmt sie wieder selbst das Kommando.

Sie notiert, sie plant. Wenn die Achterbahn oben ist, ist ihr Wille wieder aktiv.

Leider oft auch in ihren alten Lebensmustern. Sie kann einfach nicht fünfe gerade sein lassen.

Für eine dauerhafte Gesundung ist aber vielleicht genau das wichtig. Noch immer scheint die Sauberkeit im Haus das Wichtigste zu sein. Gefolgt von Hausaufgaben und Klavier der Kinder und natürlich der Ernährung der Kinder.

Daran ist ja nichts Schlechtes. Aber es darf nicht so betrieben werden, dass es auf die eigene Gesundheit geht.

Ich bin ein Klugscheißer. Ich bin ja selber nichts besser. Ich kämpfe genauso mit meinen wiederkehrenden Lebensmustern. Morgen habe ich eine Verhandlung, also schaue ich es mir nochmals an. Warum spiele ich nicht mit meinen Kindern? Nein, die habe ich den ganzen Morgen angemeckert, obwohl die eigentlich nur Kinder sein wollten.

Ich sehne mich so oft nach Ruhe. Aber in der Ruhe übernimmt der Geist das Leben. Zuviel Denken kann einen dann ganz schön herunterziehen.

Aber genau das will ich nicht mehr: Ich will das Leben feiern.

Will immer ehrlich mit mir und zu anderen sein. Mit diesen Zeilen wird mir das vielleicht gelingen.

Ich will es anpacken in jeder kommenden Sekunde.

Lilith ist mehr und mehr sprachlos, ich auch, es gibt kaum noch etwas zu sagen, zu verniedlichen.

Willkommen in der Realität. Aber wir doch nicht! Doch!

Wir fahren wieder nach Greven. Mir gehen die Aufheiterungen aus. Außer Handhalten bleibt wenig und doch ist es vielleicht so viel. Einfach da sein. Den stillen Schmerz gemeinsam ertragen. Das scheinbar glückliche Umfeld gemeinsam ertragen.

Gestern Abend war Liliths Mutter noch zu Besuch. Als Lilith duschen geht, beginnt sie zu weinen, ihre Stärke reicht nur bei Liliths Anwesenheit. Ich habe keine Kraft mehr, andere als Lilith zu trösten. Selbst bei ihr wird es immer schwerer.

Es stellt sich ihr immer öfter die Frage: Warum ich? Ist das alles wirklich wahr? Die Frage ist schnell beantwortet, wenn der Arm schmerzt oder wir wieder auf dem Weg zum Krankenhaus sind.

Ich trinke jeden Abend etwas. Nicht viel – weniger als sonst? –, aber zu viel, um immer stark genug für die Situation zu sein.

Ich sollte ganz damit aufhören, aber was soll ich denn sonst als Ventil nehmen?

Perücke

Am Freitagmorgen haben wir eine Besprechung bei der Strahlentherapie.

Warum der Termin jetzt schon ist, wo es doch erst in einem halben Jahr losgeht, kann ich nicht nachvollziehen. Wird schon einen Grund haben. Das denkt man bereits bei jedem Schritt.

Es schleicht sich eine Ergebenheit in die Notwendigkeit ein.

Mittags dann der nächste Kinnhaken: Perücke aussuchen heißt die Disziplin.

Wieder fließen Tränen. Ein Alptraum, aus dem man nicht aufwachen kann, weil das Leben weitergeht. Ich bin überrascht, wie echt die Dinger aussehen.

Als Lilith eine Kurzhaarperücke probiert, ist es fast, als ob dort ein anderer Mensch säße. Eigenartig.

Die richtige ist schnell gefunden. Oder auch nicht, wie wir kurz später herausfinden, aber wir wollten einfach raus, uns nicht mehr mit dem Gedanken beschäftigen.

Unseren Kindern haben wir zwar die Haarthematik erklärt, aber es scheint, dass solche Dinge für sie nur unwichtige Randerscheinungen sind. Ihr Verhalten ist ohnehin im Moment nicht der Situation entsprechend. Vielleicht ist es auch ein Zeichen fehlender Aufmerksamkeit von uns.

Ich bin so müde. Körperlich und geistig. Das Leben hat seine Geschwindigkeit nicht verändert, aber mir erscheint es so, als hätte der Tag deutlich weniger Stunden. Obwohl ich nicht mal zum Sport komme.

Sollte ich trotzdem machen. Zum Beispiel anstelle des abendlichen Fernsehguckens. Aber ich bin zu schwach.

Oder faul. Ich denke, ein wenig von beidem.

Heute habe ich mich bei der Arbeit gefragt, ob es das ist, was ich noch bis zur Rente machen will.

Na ja, jetzt erst einmal den Laden am Laufen halten. Aber grundsätzlich stehen neuerdings viele Dinge bei mir auf dem Prüfstand.

Ich habe jetzt verstanden, wie schnell sich ein Leben ändern kann.

Heute bekommt sie ihren Port. Wieder OP, und wieder sitze ich neben ihr im Aufwachraum.

Sie hat Schmerzen. Hat länger gedauert als üblich, wurde ihr gesagt. Das erklärt dann auch wohl die stärkeren Schmerzen. Jetzt ist sie an beiden Seiten operiert. Jetzt muss der Port verheilen.

Mit dem Port rückt die Chemo unweigerlich ein Stück näher.

Allmählich kommen die ersten Krankenbesuche. Ich glaube, es tut Lilith gut. Aber reinschauen kann ich in ihren Kopf nicht. Letztendlich muss sie, bei allen gut gemeinten Wünschen, durch diese schwere Zeit alleine durch. Natürlich mit mir, den Kindern, den Verwandten und Freunden, aber der Schmerz, die Angst, die Ungewissheit bleiben ihr. Ich würde so gerne mehr tun.

In freien Stunden säubern wir den Wohnwagen. Er macht Lilith sehr viel Freude.

Mit dem Wagen kann sie flüchten und außerhalb der gewohnten Lebensumgebung frei sein, egal, wie schlecht es ihr geht, egal wie viele Haare sie hat.

Die Haare. Manchmal scheint mir, das ist Liliths größte Hürde in dieser schlimmen Zeit.

Ultraschall, Mammografie, Biopsie, CT, OP, Punktion – all das steckt sie weg mit viel Kraft und erhobenen Hauptes, ohne großes Jammern oder Übellaunigkeit. Aber die Haare.

Wir sind dann noch ein zweites Mal zum Friseur gefahren. Sollen wir die schönere nehmen? Oder die, welche nicht auffällt? Mit Tüchern, ohne Tücher? Welche Farben? Wird sie die Perücke überhaupt aufsetzen? Wie gehen wir nachts vor?

Ich soll den Kopf ohne Haare in keinem Fall zu Gesicht bekommen. Aber das hat sie auch bei der OP-Narbe gesagt.

Es sind jetzt einige Tage vergangen, in denen ich nichts zu Papier gebracht habe.

Von guten Tagen bleibt immer weniger im Gedächtnis als von schlechten. Das ist wohl typisch für mich.

Ich denke zu oft über das nach, was nicht ist, als über die schönen Dinge, die sind.

Das werde ich ändern.

Zum Beispiel die Haushaltshilfe. Sie ist ein Segen für unsere ganze Familie. Ein sehr lebensfroher Mensch, der einen besseren Blick für die kleinen, schönen Dinge hat.

Manchmal sind unsere Lehrer des Lebens gar nicht so weit entfernt, wir erkennen sie oft nur nicht.

Manchmal denke ich, mir geht die Kraft aus, es geht immer weiter und weiter. Was auch sonst wohl?

Denke ich, die Zeit hält an? Manchmal würde ich mir das wünschen.

Aber letztendlich geht doch alles irgendwie. Es gibt eine Haushaltshilfe, im Job hat man sich arrangiert, und alle helfen, wenn man fragt. Man fragt nur manchmal ungern.

Trotzdem waren die letzten Wochen sehr anstrengend. Das bekommen auch die Kinder zu spüren.

Mein Toleranzbereich, den die drei nutzen können, ist sehr klein geworden. Es gibt oft schon bei Kleinigkeiten lautstarke Hinweise, in die Lilith und ich uns auch sehr gerne hineinsteigern.

Na, ja: Diese Krankheit hat nicht einer in der Familie. Es betrifft alle. Es verändert alle. Zumindest zeitweise.

Die erste Chemotherapie

Heute ist die erste Chemo. Die Unruhe wächst. Das Unvermeidliche, der Haarausfall rückt näher.

Und wieder geht es nach Greven. Als wir in die Onkologie kommen, schauen wir im Vorbeigehen in einen Raum, in dem das Gift verabreicht wird. Kein schönes Bild. Wieder fließen Tränen.

Dann geht alles sehr schnell. Der Port wird angeschlossen, es gibt Anweisungen, und los gehts.

Ich möchte schreien: Gibt es nicht noch einen anderen Weg? Muss das sein, dass meine Frau jetzt vergiftet wird, damit sie lebt?

Sie ist tapfer, wie immer, schickt mich, nachdem wir beide einen Kaffee hatten, hinaus; sie braucht wohl Zeit, mit dieser neuen Situation fertig zu werden.

Draußen scheint die Sonne. Was für ein Sommer! Die Sonne schafft es nicht bis ins Herz. Es ist wie Warten in einer sehr langen Schlange. Man weiß, man wird drankommen, aber es dauert.

Ich frage mich in letzter Zeit oft: War es das jetzt mit deinem Leben? Ich wollte mich ändern, mir geht das aber viel zu langsam. Ich fühle mich gefangen in täglichen Dingen, die getan werden müssen.

Jammere ich jetzt schon wieder? Nein, ich muss herausfinden, wie ich meine Zeit besser nutze.

Nicht Selbstmitleid, sondern Angriff. Ich fange jetzt damit an.

Zum Glück muss man sich entscheiden.

Mann und Frau müssen sich nicht finden, sondern das Leben kreativ formen. Esoterik ist gut, aber man darf sich nicht darin verlieren. Die Erfolgreichen sind die, die gestalten.

Auch im Kummer, im Schmerz, in der Krankheit. Klingt einfach, ist es aber nicht.

Als ich sie dann abhole, geht es ihr gut. Sie hat sogar etwas gegessen, Maultaschen, was sich noch als großer Fehler herausstellen wird.

Jetzt ist der Schneeball angestoßen. Das Gift ist drin. Die Haare werden fallen.

Mir ist es egal, aber für Lilith ist es der größte Alptraum.

Wir fahren noch einkaufen, danach gibt es Spaghetti-Eis mit viel Sahne. Ist ja gar nicht so schlimm.

Doch dann klappt plötzlich ihr Kreislauf zusammen. Ab diesem Zeitpunkt geht es ihr nicht mehr gut.

Flaues Gefühl im Bauch, rot im Gesicht durch das Kortison usw. usw.

Scheißzeug.

Und ich kann nichts tun. Nur immer wieder gute Worte, versuchen, Erleichterung zu schaffen, und die anfallenden Dinge erledigen.

Ich will nicht jammern, aber manchmal geht mir die Kraft aus. Ich dachte vorher schon, ich sei fremdbestimmt, aber jetzt weiß ich es. Das ist auch nicht schlimm, ich tue alles sehr gerne, aber es zehrt an mir.

Ich dachte vorher schon, ich hätte keine Luft mehr für die Kinder. Nein, jetzt ist es so. Ich erwarte, dass die Kinder funktionieren, was mit ihren jungen Jahren natürlich nicht klappt. Dann schimpfe ich gleich und bin genervt.

Am Samstag war ich erstmals wieder unter Freunden. Auch das war nicht wie sonst.

Man lebt wie unter einem Schleier. Man nimmt teil und nimmt doch nicht teil oder hat eine andere Wahrnehmung.

Das ist jetzt die erste Woche. Ständig rechnet man irgendwelche Szenarien.

Wenn es immer nur die erste Woche ist, dann geht es ihr noch zwei Monate schlecht. Hört sich irre viel an.

Die nächste Chemo ist am vierten Juli. Das geht wiederum sehr schnell.

Ich habe die Hoffnung, dass sich nach dem schrecklichen Friseurtermin eine situationsgegebene Normalität einstellt. Der Mensch gewöhnt sich doch an alles.

Gut, dass jetzt Sommer ist. Im Winter wäre man sehr schnell deprimiert.

Wir müssen jetzt einen Weg gehen, den wir nicht gehen wollen.

So, als hätte man etwas vergessen und müsste nochmals zurück. Vertane Zeit.

Nur viel schlimmer. Bei einer Erkältung ist alles nach acht Tagen wieder gut. Das kann der menschliche Geist gut verdrängen und aushalten. Ein halbes Jahr ist schrecklich.

Man kann das Ende noch nicht formen.

Ich sage so oft, dass ich jetzt weiß, was richtig und wichtig ist, und dass ich mich nicht mehr über Nebensächlichkeiten aufregen würde. Das sind aber nur Sprachblasen. Manchmal gelingt mir das, aber oft falle ich in alte Muster.

Ich will das nicht mehr. Nie mehr. Dieses Buch soll helfen.

Oft sage ich zu Lilith, ,das nächste halbe Jahr darfst du nicht wegschmeißen. Es wird gute und schlechte Tage geben, du wirst sehen. Sieh das vielleicht auch als Chance.'

Bla, bla, bla − ich würde gerne einen lauten Knall hören und wir hätten Dezember und der ganze Mist wäre vorbei.

Scheiß auf die guten Tage. Im Winter kann man sich nicht vorstellen, wie lang die schönen Tage im Sommer sind.

Morgen reinigen wir weiter den Wohnwagen. Der muss fertig werden, damit wir jederzeit losfahren können. Ablenkung ist jetzt ganz wichtig. Ablenkung kostet Kraft.

Ich würde mich gerne betrinken. Aber das Leben geht morgen früh weiter und ist dann noch ein wenig schrecklicher.

Das sind so Momente, in denen ich über den Sinn des Lebens nachdenke. Fertig.

Auch das Älterwerden ist doch sinnfrei. Das ganze Leben unterliegen wir Zwängen. Und wenn wir irgendwann genug Grips und Geld haben, sind wir alt, eventuell krank und antriebslos.

Älter werden ist nicht schlimm, schlimm ist, wenn man sich langweilt.

Und wieder kommt der Fokus auf das Wie. Zum Glück muss man sich entscheiden.

Also, ab morgen geht es los mit der veränderten Lebensweise.

Wenn wir in solch schlimmen Zeiten Veränderungen schaffen, sollte es in guten Zeiten leicht sein, diese fortzuführen und ein besseres Leben zu erleben.

Also los! Du kannst mehr!

Es vergehen zehn Tage.

Ich lese meine letzten Zeilen und frage mich, wer Sie geschrieben hat.

Die erste Woche war schrecklich. Ihr ist immer übel. Den Eimer trägt sie mit sich wie ein kleines Kind seinen Teddybär. Ihr Gesicht ist rot vom Kortison und sie quält sich. Ich kann wie immer nichts tun. Nur da sein.

Alltag

Am Samstag ist Abschlussfest der Kinder und wir gehen hin. Nach anfänglichen Berührungsängsten ist alles wie immer. Das kann doch gar nicht sein. Ist der Mensch so ein anpassungsfähiges Tier?

Oder liegt es daran, dass man die Normalität in einer außergewöhnlichen Lebenssituation liebt?

Ich glaube, man strebt nach dem Wieder-Alltäglichen, aber eigentlich will man diese bequeme Raumtemperatur nicht mehr.

Es hat sich etwas geändert. Oder auch nicht.

Heute Morgen haben wir uns wegen einer Lappalie gestritten. Danach habe ich ihr vorgeworfen, dass sie aus dieser Krankheit nichts gelernt habe. Warum ihre Einstellung sich nicht ändere?

Ich frage mich, ob ich denn gar nichts gelernt habe. Dafür schreibe ich doch diese Zeilen.

Heute habe ich ihr gesagt, dass auch an mir die letzten Wochen nicht spurlos vorübergegangen sind.

Wohl mehr als Entschuldigung, weil ich einen blöden Streit vom Zaun gebrochen habe.

Aber nein. Warum ändert sie sich nicht? Was soll einen Menschen ändern, wenn nicht diese Konfrontation mit dem Leben?

Ich hätte lieber ein natürliches Leben. Was immer das sein mag. Ohne das Denken über mich und meine Mitmenschen. Warum habe ich nicht die Stärke, es zu leben?

Die Haare fallen aus.

Am nächsten Tag werden wir zum Friseur fahren.

Macht es Sinn, über etwas nachzudenken, was unausweichlich ist?

Manchmal denke ich, sie bewertet ihren Haarverlust zu hoch. Es sind doch nur Haare.

Viele Frauen würden sagen, das kann doch nur ein Mann denken, aber irgendwann gehen einem die tröstenden Worte einfach aus. Man will nicht zum abertausendsten Mal die gleichen Dinge sagen. Genauso wenig wie man die gebetsmühlenartig vorgetragenen guten Wünsche aus der Familie oder von Freunden hören möchte.

Platz eins ist übrigens: Die wachsen wieder.

Ich ertappe mich dabei, wie mir alles egal wird. Es laufen viele Dinge nicht, wie ich mir das vorstelle.

Die Ironie ist, dass ich selber nicht weiß, wie ich mir mein Leben vorstelle.

Aber so kann es doch auch nicht weitergehen. Ist das der Anfang von einem Burn-out?

Vor der Krankheit habe ich oft auch die Konfrontation mit Lilith gesucht, um ihr klarzumachen, wie ich ticke.

In den letzten Wochen hätte ich mir das nie erlaubt.

Das saugt mir jetzt die letzte Kraft aus.

Übrigens trinke ich gerade Wein, hatte schon zwei Grappa und beim Italiener einen halben Liter Weißwein. Gestern war es nicht besser, vorgestern auch nicht, nur anders.

Wie wird das morgen beim Friseur werden?

Irgendwie. Wie alles bisher. Wenn es soweit ist, ist es meist einfacher zu ertragen als die Gedanken dazu im Vorfeld.

Ich habe Kopfschmerzen und mein Rücken tut weh. Die Herzrhythmusstörungen kommen immer öfter.

Ist auch kein Wunder: Stress, Alkohol und kein Sport. Aus Scheiße kann man nur einen Misthaufen bauen.

Die Kinder schlafen. Im Moment habe ich das Gefühl, sie entgleiten mir. Ich habe nicht genug

Kraft für sie, wenn sie da sind, und nicht habe nicht genug Kraft ohne sie. Am Abend mache ich mir Vorwürfe und am Morgen bin ich der erste, der sie anschimpft. Ich verliere das Gefühl dafür, was normaler Kinderlärm ist.

Wird es ab morgen besser werden? Oder nur anders? Ich muss – wir müssen – das Leben in den Griff bekommen.

Ich will das alte Leben nicht mehr zurück.

Also Morgen. Ein neuer Tag. Neues Glück. Ein neuer Versuch.

Aber auch die Anzahl der Versuche ist begrenzt. Was ist das für ein Leben! Warum wächst man nicht auf mit der klaren Weisheit, wie man sein Leben zu leben hat? Wer hat sich das ausgedacht?

Oder sind wir wirklich nur eine Laune der Natur? Dann wäre hier jedes weitere Wort überflüssig.

Mein Kopf brummt. Ich gehe ins Bett.

Morgen starte ich mit dem festen Willen, mich noch stärker zu beobachten.

Ich will nicht mehr so sein, wie ich nicht sein will.

Morgen. Ein tröstendes Wort, wenn es Abend ist, denn Mann und Frau haben noch Zeit.

Doch wenn die Zeit klar definiert ist und ihr nächster Schritt feststeht, ist es kein Aufschub, sondern drückende Gewissheit.

Der Tag des Haarfalls

Der Morgen des Haarfalls. Lilith trinkt einen zweiten Kaffee. Das erste Mal seit der Chemo. Es geht
aufwärts.

Ein kurzer Anruf, mit der Bitte, dass dieses Mal
eine Frau Lilith bedient, und wir haben am frühen
Nachmittag einen Termin. Beim ersten Termin
hatten wir einen Friseur. Sehr nett, aber in diesem
Augenblick sind Frauen gerne unter sich. Gut,
kann ich ja vorher noch arbeiten gehen. Verrückt,
oder? Aber ich will mir meine Urlaubstage für
schlechtere Zeiten aufheben. Hoffentlich kommen
die gar nicht. Oder will ich meinen Urlaub nicht für
einen freien Tag ohne Urlaub vergeuden?

Nach dem Mittag geht es los. Wir sitzen im Auto
und schweigen. Ich halte ihre Hand und komme
mir vor wie ein Fremder. Fremder darum, weil ich
sie zu diesem dämlichen Termin fahre.

Eine notwendige Fahrt. So, wie wenn man mit seinem Kind zum Zahnarzt fährt. Nur viel schlimmer.

Dann geht alles sehr schnell. Man merkt, das sind Profis. Kurz davor gibt es natürlich Tränen. Ich könnte auch, aber nach so vielen Trainingseinheiten kann ich es unterdrücken. Warum eigentlich?

Ein kurzes Vorgespräch, der Stuhl wird vom Spiegel weggedreht und der Haarschwanz wird am Haargummi abgeschnitten und bekommt Souvenir-Status. Eine total unwirkliche Szene. Als wenn man sieht, dass Wasser hochfließt. Aber dann ist er ab und wird bestaunt. Ja, ich glaube, in dem Moment hat das Staunen über den Schrecken gesiegt.

Dann soll die Perücke ausprobiert werden. Dazu müssen jetzt alle Haare ab. Ich soll gehen.

Ich gehe hinaus und komme wieder herein, um ihr einen Kuss zu geben. Mit dickem Kloß im Hals gehe ich nochmal hinaus.

Ich laufe umher wie ein Tiger im Käfig. Ohne Sinn und Verstand, bis sich die Natur meldet und ich zur Toilette muss. Dort überlege ich dann, ob ich das in so einem Moment denn wohl darf. Aber wenn ich geplatzt wäre, hätte das Lilith auch nicht geholfen.

Dann werde ich wieder hereingerufen. Ich weiß nicht, was mich erwartet.

Der Drops ist gelutscht:

Lilith hat das Zweithaar auf und zuppelt schon fleißig daran herum. Sie hat schon wieder die Führung übernommen. Ein Stehauffrauchen.

Nach kurzer Befragung wird das zweite Zweithaar probiert. Velen, fünfzehn Uhr, die Frisur sitzt.

Während die erste Version noch etwas gewöhnungsbedürftig aussah, entspricht die zweite dem gestutzten Original.

Nach kurzer Zuppelphase sind wir schon im saloneigenen Mützen-Shop und Lilith in ihrem Element.

Ich zerre auch so manches aus dem Regal. Nicht, weil für mich irgendetwas heraussticht, sondern weil ich mitwirken möchte. Das meine ich jetzt nicht böse. Es gibt viele Sachen, die sind mir nicht gegeben.

Und schon gar nicht, spontan Liliths Geschmack zu treffen. Aber ich wollte bei ihr sein, in ihrem Spiel, in ihrem Team.

So, als würde man ins Kino in einen Liebesfilm gehen.

Wo ich nicht schummle, ist bei der Aussage, dass diese Perücken Kunstwerke sind. Unglaublich echt. Ich sehe es nicht.

Und ich glaube, die meisten Frauen auch nicht. Selbst beim Fühlen bemerkt man keinen großen Unterschied.

Ich habe mir diesen Termin viel schlimmer ausgemalt. Man sieht wieder, dass die Fantasie viel kreativer als das Leben ist. Und das ist gut so.

Ich bemerke, dass ich, wenn die Zeiten besser werden, oftmals Rückfälle erleide.

Ich rege mich über Unsinn auf, fordere Aufmerksamkeit durch Sprücheklopferei usw.

Scheiße. Warum?

Heute habe ich mir gedacht, dass einem nichts selber gehört. Und schon gar nicht die Entscheidung, ob man eine solche Krankheit ablehnen kann oder nicht.

Ich habe mal gehört, dass wir alle aus Sternenstaub bestehen. Gemeint ist damit, dass wir alle aus einer kosmischen Ansammlung von Kohlenwasserstoffen usw. bestehen.

Alles ist im Kreislauf. Selbst der verwesende Löwe düngt das Gras für die Antilope. Soll sich also keiner so wichtig nehmen.

Was uns, jedem einzelnen, ganz alleine gehört, ist unsere Seele, sind unsere Gedanken.

Daher sollten wir unsere Gedanken nicht jeden Tag aufs Neue vergiften. Wenn ich zum Beispiel schlecht über einen anderen Menschen rede, könnte man meinen, es habe doch eigentlich keinen Einfluss auf mich.

Weit gefehlt.

Man belastet sein Gemüt. Sein gutes Gefühl für das Leben.

Ich schweife ab. Was ich sagen will, ist: Im Kopf, in meinen Gedanken kann ich es mir selber schwer machen.

Je eher mir das richtig klar wird, umso weniger muss ich dieses Buch erneut und erneut lesen, um meinen Geist wieder richtig einzustellen.

Inwieweit Gedanken das Leben, bzw. die Wirkung von Empfindungen, verändern können, ist meiner Meinung nach am besten in der Musik zu erkennen.

Wenn ein junger Künstler authentisch wirken soll, bekommt er oft den Rat, an eine vergangene sehr schöne oder sehr schlimme Situation zudenken und darüber nachzudenken. Die Traurigkeit oder Fröhlichkeit des Liedes ist dann nicht mehr gespielt; sie ist die Wahrheit.

Und im Nachempfinden dieser Wahrheit kann man sich sehr gut fühlen, oder sehr schlecht.

Wenn ich heute an bestimmte Momente dieser Krankheitszeit zurückdenke, könnte ich sofort losheulen.

Das ist der schnellste Schalter für mich, das Leben wieder richtig einzustellen und zu genießen.

Chemo Teil zwei von acht

In zwei Tagen ist die zweite Chemo.

Der Schrecken ist nach der ersten genommen, aber gewöhnen wird man sich daran nie.

Es ist so, als wenn das Leben in verschiedene Schichten eingeteilt wurde.

Unser Leben ist momentan o. k., auszuhalten, etwas stumpfsinnig wie unter einer milchigen Käseglocke.

Der Spaß findet in den oberen Stockwerken statt. Da wird kompliziert geurlaubt, Konzerte besucht, geplant.

Ja, das ist interessant. Das Planen – bis auf die Planung um die Krankheit hat die Planung aufgehört.

Verrückte Zeit.

Was will man eigentlich vom Leben?

Wenn vieles gut ist, fühlt man sich oft unzufrieden. Wenn vieles schlecht ist, fühlt man sich auch

unzufrieden. Ist Schwachsinn und doch die Wahrheit.

Ist das die Gesetzmäßigkeit von Yin und Yang,
von Plus und Minus? Können wir nur glücklich
sein, wenn wir vorher traurig waren?

Der Gedanke gefällt mir nicht. Und wenn der
Gedanke wahr ist, möchte ich schon alles Negative
erlebt haben, damit nur noch Schönes kommt.

.

Chemozeit

Ich wollte es anfangs nicht wahrhaben, dass eine lange schreckliche Zeit beginnt. Ich höre mich noch klugscheißern: „Es wird gute und schlechte Tage geben."

Jetzt, nach der zweiten und dritten Chemo würde ich eher sagen, es gibt schlechte und nicht so ganz schlechte Tage.

Ich wünschte mir, dass sich in den ‚nicht ganz so schlechten Tagen' unsere Einstellung komplett geändert hätte und wir höchsten bei einem Beinbruch ein leises ups ausstoßen würden.

Die Wahrheit ist aber eher, dass wir in diesen Tagen in alte Muster zurückfallen.

Vielleicht sehnt sich alles nach alter Normalität? Auch, wenn sie nicht immer gut war.

Die Krankheit hat ein Alltagsgesicht bekommen.

Hallo Schicksal. Wenn das alles auch nur ein kleinen Sinn haben/gehabt haben soll, ist dieser Umstand nicht zielführend.

Das Leben fühlt sich momentan so unecht an. So schwer verdaulich. So unfair.

Als wenn man die Gosse saubermacht und ein Partybus vorbeifährt.

Der Ablauf der Dreiwochen-Phasen in der Chemo ist fast immer gleich:

Nach der Giftbetankung geht es ungefähr sechs Stunden gut. Danach wird es schlechter.

Am nächsten Morgen ist das Gesicht aufgedunsen und gerötet. Scheiß oder ein Hoch auf das Kortison.

Wer weiß. Nach einem Tag Appetitlosigkeit wird der schlechte metallische Geschmack durch herzhaftes Essen kurzzeitig in seine Grenzen verwiesen. Dazwischen Völlegefühl.

Quasi hat Lilith entweder Hunger oder es geht ihr schlecht.

Über die psychologische Seite ist dann noch gar nicht gesprochen. Natürlich möchte man nicht dick werden. Auch der Stuhlgang sollte ein Selbstläufer sein. Weit gefehlt.

Es grüßt die vierte Chemo.

Mittlerweile sind wir schon einen Tag davor schlecht drauf.

In der letzten Woche waren wir beide genervt. Oder anders gesagt: Unsere Nerven liegen blank.

Die Toleranzgrenze, bevor unsere Kinder angeschrien werden, sinkt auf Null.

So stelle ich mir einen Burn-out vor: Man hat auf nichts mehr Lust, ist ständig genervt, alles ist zu viel.

Ich hatte gerade zwei Wochen Urlaub, fühle mich aber nicht erholt. Jammer, jammer, jammer.

Wollte ich nicht damit aufhören? Es könnte noch viel schlimmer sein.

Es ist schwer, Liegestützen zu machen, wenn der Arm schmerzt. Aber möglich. Und nur dann entwickelt sich der Muskel, also etwas Gutes.

Ich reiße mich jetzt zusammen und gehe die Sache an. Wenn ich jetzt Kleinigkeiten verbessern kann, wird die Zeit nach Liliths Krankheit in der Lage sein, große Veränderungen zu bringen.

Die Hälfte der Chemo ist heute um. Jetzt geht es aufwärts. Die neue Chemo-Medikamentenkombination ist vielleicht verträglicher. Wenn nicht, sind es danach nur noch drei. Positiv denken.

Das Buch als Geschenk

Ich überlege, wann ich ihr dieses Buch schenken soll. Am Ende der Chemo? Weihnachten?

Nein, ich glaube, jetzt ist der richtige Zeitpunkt. Zum Bergfest.

Vielleicht hilft es ihr in dunklen Stunden.

Je kürzer es ist, desto öfter liest man es vielleicht, und es stellt die Seele wieder in Grundstellung.

Wie bei einem Baby. Alles ist schön und interessant.

Ich werde das Buch lesen, um endlich zufriedener zu werden.

Da ich wohl ein Härtefall bin, sollte ich es anfangs oft lesen. Danach je nach Symptomen einmal im Monat.

Lilith hat Recht. Ich bin manchmal kompliziert. Aber irgendwann wird mein Verhalten kippen und ich werde das Leben leben, welches mich glücklich macht.

Bei Lilith hoffe ich auch auf Veränderungen. Auch sie sollte ihre Einstellungen ändern und aufhören, zu versuchen, mich zu ändern. Fünfe gerade sein lassen und das Leben genießen.

Ich will nichts Perfektes für die Zukunft. Ich will heute ein schönes Leben.

Das gilt für alle Lebensbereiche: Ehe, Familie, Kinder, Arbeit, Freundeskreis und das Zuhause.

Ich fühle mich manchmal eingesperrt in gut gemeinten Ratschlägen. Ich kann dann keine eigenen Gedanken zu Ende bringen beziehungsweise Entscheidungen fällen, ohne mein Umfeld gedanklich einzubeziehen. So lebe ich ein gutes Leben, aber nicht meins.

Wenn ich keine Reaktionen auf meine eigenen Entscheidungen bekomme, wird sich mein Leben nie richtig gut anfühlen. Die Zipperlein werden mehr. Ich muss anfangen, Ich zu sein.

Habe ich das Buch eigentlich für mich oder für Lilith geschrieben? Wäre die Liebe nicht so groß hätte ich vermutlich gar nicht damit angefangen, aber ich glaube es hilft mir mehr als Ihr.

Meine große Liebe

Das geht nicht gegen dich, Lilith, du bist das Beste, was mir in meinem Leben passiert ist. Und nur zu gern habe ich mich in vielen Punkten führen lassen.

Ich war bequem, und das muss aufhören. Ich werde anfangen, mehr Fehler zu machen, und wieder Spaß am Leben finden. Neues ausprobieren und mein Selbstmitleid erwürgen.

Ehrlicher zu mir, zur dir und zu andern sein.

Dieses Buch soll mir und dir helfen, in bestimmten Situationen die Kurve zu kriegen.

Wie beim Betrachten von alten Kinderfotos: In diesen Momenten kann man ihnen nicht mehr böse sein, egal, was vorher vorgefallen ist.

Ich freue mich auf die Zeit nach der Chemo. Auf ein glückliches und erfülltes Leben mit dir. In ehrlicher Gleichberechtigung und einem durch diese Krankheit gewachsenen Verständnis füreinander und für das Leben.

Ich will meine Kinder aufwachsen sehen und vieles gemeinsam mit ihnen und dir unternehmen und nicht immer genervt sein, jammern, meckern oder in Selbstmitleid zerfließen.

Ich habe meine Lektion gelernt und wenn ich sie vergesse, nehme ich dieses Buch zur Hand.

Wenn es einem schlecht geht, kann man schlecht lernen. Daher ist es für dich doppelt schwer.

Es ist auch nicht so wie einen Schalter umzulegen, sondern ein langsamer, schleichender Prozess. Wie eine Welle mit Berg und Tal.

Von einem bin ich fest überzeugt:

Lilith, du schaffst es.

Weil du stark bist.

Weil die Kinder

und ich dich lieben!

Kämpfe, wir brauchen dich.

Aus Liebe

Dein Mann

Ich werde immer für dich da sein!

Nachwort

Heute, ein Jahr später – selbst die nach der Chemo durchgeführte Bestrahlung ist Geschichte – ist alles wieder gut.

Noch fünf Jahre Tabletten, dann ist der Körper geheilt.

Die Seele ist jedoch unwiderruflich angekratzt, wie bei Soldaten, die heimkehren nach dem Krieg.

Die kindliche Naivität mit dem Urvertrauen des gesunden Menschen – „uns passiert das nicht" – ist dahin.

Aber das ist auszuhalten.

Uns geht es wieder gut.

Das Leben ist wieder schön!